Inhalt

Änderungen zum Einweg- und Dosenpfand - Erleichtertes Handling zu steigenden Preisen?

[Kernthesen](#)

[Beitrag](#)

[Fallbeispiele](#)

[Weiterführende Literatur](#)

[Impressum](#)

Änderungen zum Einweg- und Dosenpfand - Erleichtertes Handling zu steigenden Preisen?

I.Zeilhofer-Ficker

Kernthesen

- Seit dem 1. Mai 2006 müssen Geschäfte alle Getränke-Einwegverpackungen der Materialarten zurücknehmen, die dort verkauft werden.
- Für den Verbraucher vereinfacht sich dadurch die Rückgabe von Einwegflaschen und Dosen.
- Der Handel spricht von zusätzlichen 1,5

Milliarden Euro Kosten für Automaten und Clearing- und Sicherheitssysteme und hat Preiserhöhungen von bis zu 10 Cent pro Gebinde angekündigt.
- Die Wirksamkeit des Gesetzes aus umweltpolitischer Sicht bleibt weiter umstritten.

Beitrag

Seit über 20 Jahren dauern die Diskussionen und Streitigkeiten um das Einweg- und Dosenpfand nun schon an und auch mit den jüngsten Änderungen ist nicht damit zu rechnen, dass das Thema endlich zu den Akten gelegt wird.

Was hat sich geändert?

Seit 2003 wird für Getränke-Einwegverpackungen ein Pfand erhoben, das bei Rückgabe des Gebindes wieder erstattet wird. Vor allem die Discounter haben bisher von der Tatsache profitiert, dass jedes Geschäft nur die Gebinde zurücknehmen musste, die es auch verkauft hatte. Die dadurch entstandenen Insellösungen machten es aber für den Verbraucher recht mühsam, seine Plastikflaschen oder Blechdosen an den richtigen Ort zurückzubringen, um das Pfand wiederzubekommen. Das Resultat sind 1,4 Milliarden (geschätzte) Euro, die der Einzelhandel für nicht eingelöstes Pfand in seinen Kassen hat. (1), (2)

Für ausländische Getränkehersteller stellte sich das Pflichtpfand als erheblicher Hinderungsfaktor heraus. Das Fehlen eines einheitlichen Rücknahmesystems wurde im Dezember 2004 vom Europäischen Gerichtshof angemahnt, da der freie Warenverkehr durch diesen Mangel behindert wurde. Die Bundesrepublik sah sich zu einer Änderung des Gesetzes gezwungen, die am 1. Mai 2006 in Kraft getreten ist. (3)

Nun muss also jeder Supermarkt alle Plastik- und Glasflaschen oder Dosen zurücknehmen, sofern er Getränke in den entsprechenden Verpackungsmaterialien auch verkauft. Ausschlaggebend ist dabei nicht Form oder Farbe oder Marke des Getränks, sondern einzig das Material der Verpackung. Außerdem ist das Pfand auf 25 Cent pro Gebinde vereinheitlicht worden. Ausgenommen von der allgemeinen Rücknahmepflicht sind nur Kioske mit einer Verkaufsfläche von unter 200 Quadratmetern die brauchen weiterhin nur die Flaschen und Dosen anzunehmen, die sie auch tatsächlich verkaufen. (4)

Neben Bier, Limonaden und Mineralwasser wurden nun auch Alkopos, Eistee, Fitnessgetränke, Erfrischungsgetränke, Kaffee und aromatisierte Wasser in die Liste der pfandpflichtigen Getränke aufgenommen. Pfandfrei sind nach wie vor Milch, Frucht- und Gemüsesäfte, Wein, Sekt und Spirituosen sowie Getränke in umweltfreundlichen TetraPak-, Standboden- und Schlauchbeutelverpackungen. (4), (5)

Wie wird die Rücknahme gehandhabt?

Für den Verbraucher ist es nun wesentlich einfacher geworden, seine leeren Flaschen und Dosen wieder loszuwerden. Für den Handel ergibt sich daraus allerdings ein enormer Zusatzaufwand. Da man befürchtete, dass aus dem Ausland riesige Mengen an Leergut herangeschafft und dafür Pfand einkassiert werden könnte, hat man ein aufwendiges Sicherheitssystem entwickeln lassen. Über dessen Sinn oder Unsinn lässt sich streiten, tatsächlich hat die Entwicklung dieses Systems mehrere hundert Millionen Euro verschlungen. Nun trägt also jedes Einweggebinde ein Logo blaue Flasche, blaue Büchse und Retourpfeil in einer Sicherheitsfarbe, deren Fälschungssicherheit allerdings noch nicht so recht bewiesen ist. Außerdem erhält jede Verpackungseinheit einen Strichcode, anhand dessen festzustellen ist, wo die Verpackung herkommt und wo sie verkauft wurde. (1), (5), (6)

Die eigentliche Rücknahme kann über Automaten erfolgen, die durch die Erkennung des Logos und das Einlesen des Strichcodes für die korrekte Erfassung der Pfandauszahlung und die Verrechnung in der Clearingstelle sorgen. Dies ist zwar die einfachste Möglichkeit, mit Kosten von 15 000 bis 30 000 Euro pro Automat aber nicht gerade billig. So fangen viele Supermärkte erst einmal mit einer händisch Lösung an das Personal prüft an der Kasse die Behälter und zahlt das Pfand aus. Dann werden die Flaschen und Dosen zu einer Sammelstelle gebracht und dort gezählt, das Ergebnis an die Clearingstelle weitergemeldet. Ob diese Alternative die günstigere ist, ist zu bezweifeln. Über die Clearingstelle findet schließlich die Abrechnung von Pfandeinnahmen gegen Pfandauszahlungen statt, sodass kein Händler benachteiligt wird. (7), (8)

Die Auswirkungen des Einwegpfands

Sinn der schon im Jahre 1991 beschlossenen Verpackungsverordnung ist es, Mehrwegverpackungen gegenüber den umweltschädlichen Einwegbehältern zu stärken und zu fördern. Ob dies durch das Einweg- und Dosenpfand gelungen ist, bleibt fraglich. Tatsächlich ist seit der Einführung des Pfands auf Dosen dessen Absatz von 7,5 Milliarden jährlich auf nur noch 500 Millionen gesunken. Umweltverbände melden entsprechend, dass eine Landschaftsverschmutzung durch weggeworfene Dosen kaum noch feststellbar ist. Ein Sieg für die Umwelt also. (9)

Die Mehrwegquote für Bier stieg seit 2003 von 70 auf 89 Prozent, bei kohlensäurehaltigen Erfrischungsgetränken von 48 auf 55 Prozent. Allerdings ist die Mehrwegquote für Mineralwasser gesunken, was auf den zunehmenden Kauf von Wassern bei den Discountern zurückzuführen ist, die mittlerweile Mehrwegverpackungen komplett ausgelistet haben. Diese Tatsache nehmen die Pfandgegner zum Anlass, das Einwegpfand als komplett unsinnig und unnötig hinzustellen und dagegen weiter Propaganda zu machen. (10), (11), (12), (13)

Dass die Dose durch die Änderungen zum 1. Mai 2006 eine Renaissance erfahren wird (wie von der Getränkeindustrie lautstark propagiert), ist stark anzuzweifeln. Denn Dosen sind nun mal nicht wieder verschließbar und ex und hopp funktioniert wegen dem Pfand auch nicht mehr. Die Discounter haben die Dose mittlerweile komplett aus den Regalen genommen und nur wenige Supermarktketten halten an der Dose in ihrem Verkaufsprogramm fest. Begrüßen würde das Aufleben der Dosen vor allem die Brauindustrie, in deren Abfüllhallen riesige Kapazitäten zur Dosenbefüllung vor sich hin schlummern. (14), (15)

Fallbeispiele

Marktführer für Rücknahmeautomaten ist das norwegische Unternehmen Tomra, das in Deutschland einen Marktanteil von 60 Prozent hält. Allein im ersten Quartal 2006 erhielt Tomra Bestellungen für 5400 neue Automaten. Für die nächsten zwei Jahre erwartet man Aufträge für 30 000 bis 40 000 Automaten. (18)

Der Zweitgrößte Hersteller Wincor Nixdorf hält ca. 30 Prozent Marktanteil. Dir Firma hat kürzlich eine Großbestellung von Aldi Nord für 2 500 Automaten erhalten. Für die nächsten drei bis vier Jahre rechnet man sich Verkaufschancen für weitere 15 000 Maschinen aus. Die Wincor Nixdorf Systeme erkennen bis zu 1 600 unterschiedliche Flaschentypen, Informationen über neue Produkte werden über Telekommunikationsleitung an den Automaten-Computer eingespeist.

Weiterführende Literatur

(1) Die Quadratur des Pfandkreises
aus Der Handel Nr. 04 vom 05.04.2006 Seite 012

(2) O. V., Das Ende der Sortiererei, Spiegel Online, 30.04.2006
aus Der Handel Nr. 04 vom 05.04.2006 Seite 012

(3) Waterloo für die Pfandpflicht-Gegner
aus Lebensmittel Zeitung 52 vom 30.12.2005 Seite 020

(4) Seit 1. Mai gilt die neue Regelung des Dosenpfands - Händler müssen jetzt sämtliche Pfandflaschen zurücknehmen
aus Die Tabak Zeitung vom 05.05.2006

(5) Dosenpfand klarer, Trinken teurer Die neuen Regeln beim Einwegpfand haben sich noch nicht überall herumgesprochen. Testkäufer melden Probleme
aus taz, 03.05.2006, S. 8

(6) Dosenpfand: Zwischen technischen Problemen

und politischen Ränken
aus c't - Magazin für Computertechnik, 26/2005, S. 56

(7) Dosenpfand Reloaded
aus FTD vom 26.04.2006

(8) Brüning, Nicola, Dosenpfand Mehrweg ade,
FOCUS, 29.04.2006, Ausgabe 18, S. 50
aus FTD vom 26.04.2006

(9) Dosenpfand fast ohne Dosen Neues Einwegpfand stärkt Mehrweg
aus news aktuell, 2006-05-02

(10) Grabitz, Ileana, Dosen Industrie zittert Dosen-Neustart entgegen, Welt am Sonntag, 23.04.2006, Nr. 17, S. 31
aus news aktuell, 2006-05-02

(11) Letztes Gefecht
aus Der Spiegel, 24.04.2006, Nr. 17, Seite 54

(12) Blech-Klassiker kehrt zurück
aus HORIZONT 11 vom 16.03.2006 Seite 017

(13) Vernichtet Zwangspfand Arbeitsplätze ?
aus LEBENSMITTEL PRAXIS NR. 024 VOM 16.12.2005 SEITE 006

(14) Neues Pfand bereitet wenig Probleme
aus Süddeutsche Zeitung, 10.05.2006, Ausgabe Deutschland, S. 21

(15) Die Dose ist stark im Kommen

aus Lebensmittel Zeitung 04 vom 27.01.2006 Seite 068

(16) Zeit sparen dank der neuen Pfandverordnung
aus Passauer Neue Presse vom 05.05.2006

(17) Achtung, jetzt kommt ein Karton
aus Der Handel Nr. 05 vom 03.05.2006 Seite 010

(18) Tomra Systems: Die Profiteure des Pfandsystems
Analyse
aus WirtschaftsBlatt, 10.05.2006, Nr. 2612, S. 17

Impressum

Änderungen zum Einweg- und Dosenpfand - Erleichtertes Handling zu steigenden Preisen?

Bibliografische Information der deutschen Nationalbibliothek

Die Deutsche Nationalbibliothek verzeichnet diese Publikation in der deutschen Nationalbibliografie; detaillierte bibliografische Daten sind im Internet über http://dnb.d-nb.de abrufbar.

ISBN: 978-3-7379-1464-2

© 2015 GBI-Genios Deutsche Wirtschaftsdatenbank GmbH, Freischützstraße 96, 81927 München, www.genios.de

Alle Rechte vorbehalten. Dieses Werk ist einschließlich aller seiner Teile – z.B. Texte, Tabellen und Grafiken - urheberrechtlich geschützt. Jede Verwertung außerhalb der Grenzen des Urheberrechtsgesetzes bedarf der vorherigen Zustimmung des Verlags. Dies gilt insbesondere auch für auszugsweise Nachdrucke, fotomechanische

Vervielfältigungen (Fotokopie/Mikroskopie), Übersetzungen, Auswertungen durch Datenbanken oder ähnliche Einrichtungen und die Einspeicherung und Verarbeitung in elektronischen Systemen.